60 Poèmes d'Amour en Français:
La Plus Belle Collection de Poèmes du Monde

Josyie Anifka

"Je t'aime non seulement pour ce que tu es, mais aussi pour ce que je suis quand je suis avec toi" - *Elizabeth Barrett Browning*

Avant-propos

Dans le silence de la nuit, lorsque le cœur bat fort et que l'âme cherche son complément, les mots se transforment en vers et les vers deviennent l'expression la plus pure de l'amour.

Imaginez un endroit où les sentiments les plus profonds et les plus purs se transforment en mots qui touchent l'âme et le cœur. Cet endroit existe, et c'est l'univers de la poésie. Dans ce livre, "60 Poèmes d'Amour en Français : La Plus Belle Collection de Poèmes du Monde", vous trouverez une compilation des plus beaux et émouvants poèmes d'amour jamais écrits.

Chaque poème est un joyau littéraire qui vous fera ressentir la passion, la tendresse, la nostalgie et le bonheur que seul l'amour peut éveiller.

Cette collection vous emmènera dans un voyage à travers les siècles, découvrant la beauté de la poésie dans toutes ses manifestations. Ici, vous trouverez des vers qui vous inspireront, qui vous émouvront et qui vous feront rêver de l'amour vrai. Préparez-vous à vous laisser emporter par la passion des mots et à plonger dans le monde le plus sublime de la poésie. Ceci est sans aucun doute la plus belle collection de poèmes du monde.

Contenu

Princesse Yosire

Dans l'ancienne cité des âmes,

vivait une princesse d'une beauté incomparable,

Elle s'appelait Yosire et son cœur battait,

à la recherche d'un amour véritable et inoubliable.

C'est ainsi qu'Asirm a croisé son chemin,

un homme courageux et passionné,

qui lui a promis un amour éternel et sincère,

Et elle, sans hésiter, l'a aimé de tout son être.

Il a laissé derrière lui une vie de luxe et de richesse,

et, avec son bien-aimé, elle part pour les terres lointaines de Yaneh,

où ils ont construit un foyer simple mais aimant,

et ils vivaient heureux malgré les pénuries et les difficultés.

Malgré les critiques et la désapprobation de sa famille,

Yosire a suivi son cœur et s'est battue pour son amour sans crainte,

et bien qu'il ne soit jamais retourné dans l'ancienne cité des âmes,

Leur histoire a été écrite dans les livres d'amour avec beaucoup d'honneur.

C'est ainsi que la princesse de Yaneh vécut heureuse et aimée,

dans un foyer plein d'amour et de bonheur,

prouvant que le véritable amour,

est plus forte que toute richesse ou vanité.

Alors, si à un moment donné vous sentez que l'amour vous appelle,

le suivre avec audace et sans crainte,

parce que, comme la princesse Yosire, vous pouvez vous aussi trouver, un amour pur et réel qui vous remplit de bonheur et d'amour.

Deux âmes unies

Dans un pays plein de dangers et de peurs,
deux guerriers se sont aimés avec force et franchise,
mais le destin les séparera à jamais,
dans un adieu plein de douleur et de souffrance.
Lui, un guerrier courageux et fort,
Il a dû partir pour un univers lointain et hostile,
pour combattre des bêtes géantes et puissantes,
pour protéger sa population et sauver des vies précieuses.
Elle, une guerrière avec du courage et de la détermination,
Il devait rester pour protéger sa maison et sa nation,
mais son cœur se brisait en mille morceaux,
sachant que son bien-aimé serait bientôt loin.
Ils se sont serrés l'un contre l'autre, leurs corps tremblant,
et au fur et à mesure que ses larmes tombaient, le temps
s'accélérait,
Il devait partir et elle devait rester,
dans un adieu qu'ils ne pourront jamais oublier.
Un baiser d'adieu les réunit pour la dernière fois,
et si leurs corps se sont éloignés, leur amour n'est jamais mort,
parce que l'amour véritable est plus grand que tout univers,
et resterait toujours, fort et éternel, comme le soleil.
Il s'est battu avec bravoure et courage dans cet univers inconnu,
et bien qu'il ne soit jamais revenu, leur amour est toujours resté
vivant,
et elle a protégé son monde avec force et passion,
sachant que son bien-aimé sera toujours dans son cœur.

L'amour au fil du temps

Par une nuit de ciel noir,

deux jeunes gens s'aiment d'un amour fervent,

et même s'ils savaient qu'ils seraient bientôt séparés,

Ils savaient que leur amour durerait toujours.

Lui, un voyageur de l'espace et du temps,

partirait bientôt pour un autre univers,

dans son vaisseau,

dans un endroit où les rêves ne s'épanouissent pas.

Elle, le cœur brisé et les larmes aux yeux,

Je savais que je devrais bientôt dire au revoir,

mais il l'embrassa tendrement et passionnément,

promettant qu'il l'aimerait toujours, sans condition.

Le vaisseau a décollé et elle l'a regardé partir,

sachant que son amour ne serait plus là,

mais dans son cœur, il gardait l'espoir,

qu'un jour ils seraient à nouveau ensemble, dans une danse.

Cependant, le destin a eu d'autres projets,

et il ne l'a jamais revue,

mais leur amour a perduré dans le temps,

et elle est morte le cœur plein de sentiments.

Dans une dimension où les rêves ne fleurissent pas,

elle attendait son retour, dans l'éternel lointain,

et bien que le temps ait passé et qu'il ne soit jamais revenu,

leur amour était gravé dans son cœur, pour toujours, comme le soleil.

Inconditionnel

Dans l'ancienne terre des Incas,
un jeune guerrier tombe amoureux,
d'une jeune fille noble et belle,
que son cœur, par son sourire, a conquis.
Mais leurs familles ne l'ont pas permis,
car elle devait épouser un noble,
et il n'était qu'un brave guerrier,
avec un cœur d'or et de noblesse.
Pourtant, ils se sont juré un amour éternel,
au sommet d'une montagne dans les Andes,
et a juré de se battre contre le monde entier,
de rester ensemble pour toujours.

Mais la vie est parfois cruelle,
et la guerre les a séparés pendant des années,
et même si elle attendait toujours,
il a été laissé pour mort dans les plaines.

La douleur que la jeune fille a ressentie,
était plus profonde que l'abîme,
et chaque nuit je pleurais son absence,
et qui, de toutes leurs forces, attendaient son retour.

Mais un jour, la nouvelle est tombée,
que son amour était mort au combat,
et son cœur s'est brisé en mille morceaux,
sachant que je ne le reverrais jamais.

4

La femme de chambre est décédée peu de temps après,
de la douleur et de la tristesse,
et son nom a été gravé sur sa tombe,
en hommage à leur amour et à leur beauté.
Il en va de même pour le guerrier et la jeune fille,
ont vécu un amour impossible dans les Andes,
un amour qui a transcendé le temps et la mort,
et qui reste légendaire et grandiose aujourd'hui.

Une douleur dans mon cœur

Amour déchirant, douleur brûlante,
cœur trahi, âme en souffrance.
Même si je t'aime toujours, je sais qu'il n'y aura pas de retour en arrière,
mon cœur brisé n'en pouvait plus.
Le souvenir de tes baisers et de tes caresses me fait pleurer,
Savoir que je ne suis plus la propriétaire de ton amour me fait saigner.
La douleur dans mon âme est si intense que je voudrais disparaître,
mais je ne peux pas oublier ce que j'ai aimé.
Un autre embrasse tes lèvres, un autre caresse ta peau,
mon cœur brisé ne peut supporter ce rôle cruel.
Je sais que nous ne sommes plus un, que l'amour qui nous réunissait a disparu,
mais mon cœur bat toujours pour toi, même s'il se sent détruit.
Amour déchirant, douleur brûlante,
cœur trahi, âme en souffrance.
Même si je t'aime toujours, je sais qu'il est temps de partir,
de quitter cette souffrance, de chercher une nouvelle vie.

Il n'est plus nécessaire de se battre

Dans ma poitrine, un vide profond,
une plaie ouverte, un cœur brisé,
la douleur de savoir que l'amour est parti,
que mes rêves se sont évanouis.
Je t'ai donné mon âme et tout mon être,
Je t'ai aimé de toutes mes forces et de tout mon désir,
mais maintenant mon monde est en deuil,
mon âme en larmes, mon cœur en deuil.
Je ne comprends pas pourquoi tu m'as menti,
pourquoi as-tu joué avec mon amour et mon existence,
Était-ce pour le plaisir ou pour s'amuser ?
Cela ne vous dérange pas de me faire souffrir ?
La douleur me consume, elle me blesse à l'intérieur,
Les larmes coulent, je ne peux pas les arrêter,
mon corps tremble, mon âme est abandonnée,
mon esprit devient fou, mon cœur s'éteint.
Il n'y a pas de consolation pour ma douleur et mon chagrin,
Il ne reste plus qu'à accepter que l'amour n'existe plus,
que mon monde est devenu sombre et froid,
que mon cœur ne bat plus pour toi.
Ainsi s'achève ma triste histoire d'amour,
mon âme est donc brisée en morceaux,
Il ne reste plus qu'à aller de l'avant avec courage,
sachant que l'amour reviendra.

Coeur brisé

Dans les forêts de Tenochtitlan,
le cri d'un homme sans amour se fait entendre,
qui a perdu sa jeune fille parce qu'elle était pauvre et sans valeur,
et elle se retrouve dans les bras d'un autre homme, et dans la passion.

Son cœur est en feu,
La tristesse le consume,
ressent la douleur la plus profonde jamais ressentie,
d'un amour qui n'a jamais été réciproque.
Mais elle est la seule qu'il aime,
ne peut aimer personne d'autre,
et la voir dans les bras d'un autre être,
le fait pleurer.
Le feu brûle dans sa poitrine,
cherche à se venger de l'empereur,
pour lui avoir enlevé ce qu'il aimait le plus,
pour lui avoir enlevé son petit amour.
Mais il sait que la vengeance ne le comblera pas,
ne lui rendra pas sa jeune fille,
la douleur est toujours présente,
et continueront à pleurer dans les forêts de Tenochtitlan.
La tristesse et le chagrin l'accompagnent,
un cœur brisé et douloureux,
à la recherche d'un moyen de guérir,
mais en sachant que leur amour est impossible.
Dans les forêts de Tenochtitlan,

8

le cri d'un homme sans amour se fait entendre,
qui a perdu sa jeune fille parce qu'elle était pauvre et sans valeur,
et elle se retrouve aujourd'hui à donner son cœur.

Un amour sans barrières

A l'époque des dix-huit cents ans,

deux jeunes gens s'aiment avec une grande ferveur,

mais leur amour est interdit par l'empereur,

qui voulait la marier pour posséder son amour.

C'est un jeune homme humble au cœur noble et pur,

Il n'avait ni richesses ni titres à faire valoir,

mais son amour pour elle était plus fort que l'or,

et je me battrais contre le monde entier pour l'aimer.

C'est une jeune femme belle et courageuse,

ne voulait pas épouser l'empereur sans amour,

et même s'il savait qu'ils se battraient contre lui,

Son cœur lui demande d'être avec celui qui la rend heureuse, sans crainte.

Ensemble, ils se sont enfuis dans la nuit, dans les ténèbres,

traversant rivières et montagnes, à la recherche de la liberté,

Mais l'empereur n'abandonne pas si facilement,

et son armée les poursuivent sans relâche.

Dans une bataille épique, ils se sont battus pour leur amour,

lui avec son épée, elle avec son arc et son courage,

mais malgré leur courage, ils ont été vaincus,

et l'empereur les saisit, plein de haine et de rancune.

Emprisonnés, ils savaient que leur fin était proche,

mais leur amour était plus fort que toutes les barrières,

ils se sont promis de s'aimer pour toujours, quoi qu'il arrive,

et dans leur cœur, ils gardaient l'espoir d'une réunion, un jour, dans l'éternité.

Ainsi, par une nuit froide et sombre,

les deux jeunes amants sont morts de leur pure passion,
dans un amour qui transcendera les barrières du temps,
et leur histoire serait racontée à jamais, comme un poème épique
et sublime.

Incendie interne

L'amour est un feu qui brûle sans pitié,
qui dévore tout sur son passage,
et même si vous êtes un être de grande capacité,
il vous transforme en fou amoureux.
La force de votre esprit n'a pas d'importance,
ni le pouvoir que vous avez entre les mains,
quand l'amour frappe à votre porte brûlante,
vous rend faible et vous rend plus humain.
Votre intelligence disparaît en un instant,
votre logique se perd dans la nébuleuse du désir,
et vous devenez un amoureux fou,
prêt à faire n'importe quoi pour ce désir.
Il n'y a pas de limites à l'amour que vous ressentez,
Aucune raison ne peut arrêter sa progression,
Nous ne pouvons que suivre le courant,
qui vous conduit à la folie et à la passion la plus intense.
N'ayez donc pas peur de faire des folies,
si l'amour frappe à votre porte avec force,
car ce n'est qu'à cette condition que vous pourrez découvrir le
trésor,
derrière cette immense folie.

L'amour fort est comme un ouragan,
qui dévaste sans pitié tout ce qui se trouve sur son passage,
et vous fait sentir comme un coup de vent,
qui vous entraîne dans la passion la plus intense et la plus
inégalée.
C'est un feu qui brûle dans votre cœur,

et vous consume jusqu'au dernier virage,
qui vous fait perdre la tête,
et vous conduit à la folie et à l'obsession.
Mais malgré son intensité,
peut également être doux et tendre,
et de remplir votre vie de bonheur,
et devenir un être éternel.
C'est un sentiment qui ne connaît pas de limites,
et cela vous rend capable de surmonter les obstacles,
et lutter contre tout ce qui s'y oppose,
parce que l'amour fort est indestructible.
Laissez-vous donc porter par ce coup de vent,
qui vous mènera au sommet du bonheur,
et n'ayez pas peur de vous donner sans compter,
à cet amour fort qui vous fait vibrer.

Ne partez pas mon

Dans un monde d'ombres et de mystères,

où la mort rôde prudemment,

deux âmes se sont follement aimées,

quel que soit le sort qui leur est réservé en altitude.

Elle, une jeune femme noble et belle,

lui, un brave guerrier qui s'est battu avec gloire,

Ensemble, ils ont défié les dieux et le destin,

s'embrassant avec la certitude que leur amour était sincère.

Mais le temps ne pardonne jamais,

et la maladie l'a consumé sans relâche,

laissant la jeune fille dans l'incertitude,

et son bien-aimé, condamné à mort.

Elle s'accroche à l'espoir,

se battant de toutes ses forces pour son bien-aimé,

revendiquant les cieux pour leur injustice,

et qui implorent un remède qui pourrait le sauver.

Mais la mort ne fait pas d'exception,

et l'heure du départ est arrivée sans ménagement,

laissant un vide insurmontable dans son cœur,

et une immense douleur dans son âme.

Ainsi, en ces jours sombres et difficiles,

la jeune fille dut laisser partir son bien-aimé,

avec un cœur brisé et une âme douloureuse,

mais en sachant que leur amour se perpétuera dans sa mémoire.

Il en fut ainsi, bien que les années se soient écoulées sans
encombre,

et la vie s'est poursuivie de manière régulière,

l'amour de ces deux amants au Moyen-Âge,

n'a jamais cessé de brûler dans la flamme éternelle de la beauté.

Pouvoir

Au temps des chevaliers et des dames,

dans un monde plein de bravoure et d'exploits,

un jeune homme est tombé éperdument amoureux,

d'une belle dame, au regard séduisant et à l'esprit intelligent.

Lui, prêt à tout pour son amour,

Je me battrais contre le monde entier, sans crainte,

et elle, captivée par son courage et sa loyauté,

Il s'est donné à son amour, sans réserve ni malice.

Mais un jour, une cruelle tragédie les sépare,

et elle a été enlevée par un ennemi impitoyable,

il, plein de douleur et de désespoir,

s'est juré de la retrouver et de la libérer, sans hésitation.

C'est ainsi qu'a commencé son odyssée, sa recherche inlassable,

voyageant à travers des contrées lointaines et des dangers inimaginables,

Sur son chemin, il a affronté des monstres et des dragons,

et toujours, dans son cœur, son amour pour sa bien-aimée battait comme une chanson.

Aucun obstacle ne peut l'arrêter,

aucune créature qui le ferait revenir en arrière, aussi terrible soit-elle,

Il est toujours devant, avec son épée et son bouclier,

et l'image de sa bien-aimée, comme un phare dans son monde.

En chemin, il a trouvé des alliés et des ennemis,

et dans chaque bataille, il a prouvé son courage et sa bravoure,

jusqu'à ce qu'enfin, après des années de lutte,

arriva au château où sa bien-aimée était emprisonnée, au sommet d'une montagne escarpée et dure.

Là, il défie l'ennemi de toutes ses forces,

et se battait avec lui, comme un lion en chasse,

jusqu'à la dernière poussée,

a vaincu le malin et sauvé sa bien-aimée.

Ensemble, ils rentrent chez eux, victorieux et triomphants,

et leur amour était plus fort que toute adversité,

parce qu'au fond de leur cœur, ils savaient qu'ils étaient destinés,

d'être ensemble pour toujours, dans le bonheur et la loyauté.

C'est ainsi que son histoire est devenue une légende,

un poème d'amour et de courage, qui a transcendé le temps et l'éternité,

et dans le cœur de ceux qui aiment vraiment,

il y aura toujours un morceau de cette histoire, de cet amour sans pareil, de cette réalité.

Je ne t'oublierai jamais

Dans le froid de la nuit,

mon cœur bat la chamade,

sentir la tristesse qui me consume,

et la douleur d'avoir perdu mon bien-aimé.

Les nuits sans étoiles,

Je me souviens de l'amour que nous avions autrefois,

et le vide laissé par son départ,

est un poids que je ne peux pas supporter.

Je cherche en vain une réponse,

une explication à son départ,

mais tout ce que j'ai, c'est le silence,

et la douleur de savoir qu'il n'est plus.

Les souvenirs m'envahissent,

Le temps semble être une éternité,

et chaque seconde sans elle,

est un coup au cœur, une blessure qui ne guérit pas.

Dans ma solitude, je me perds,

à la recherche d'une lumière pour me guider,

mais je ne trouve que l'obscurité,

et le vide d'un cœur brisé.

Dans le froid de la nuit,

mon cœur bat la chamade,

sentir la tristesse qui me consume,

et la douleur d'avoir perdu mon bien-aimé.

Le noble prince

Il y avait un prince en Perse,

de sang noble et de cœur courageux,

mais son amour pour un trafiquant d'herbe,

a changé son destin d'une manière surprenante.

Elle s'appelait Nabia et sa beauté séduisit le prince,

qui est tombé profondément amoureux d'elle,

et malgré les conseils et les avertissements de ses sujets,

décide de renoncer à sa succession en tant que roi.

Son père, le roi Assuérus, ne comprend pas,

comment un prince pouvait renoncer à son droit au trône,

et tentent de l'emprisonner pour désobéissance,

mais le prince est déjà parti pour les lointaines Indes.

Là, dans un pays inconnu et exotique,

a retrouvé sa bien-aimée et a commencé une nouvelle vie,

laissant derrière moi tout ce que j'avais connu,

d'être avec la femme qui l'a envoûté.

Et bien qu'il ne soit jamais retourné dans sa patrie et sur son trône,

vivait heureux avec Nabia, sa princesse des marmites,

et est resté dans les mémoires comme un héros légendaire,

qui a tout abandonné par amour et par liberté.

Poème sumérien

Il était une fois un jeune prince,

dans un royaume lointain et enchanteur,

qui tomba éperdument amoureux d'une humble bergère,

et a abandonné son trône pour son amour.

Elle était belle et simple,

une fleur des champs qui l'a séduit,

et bien que sa famille n'ait pas accepté cette union,

il était prêt à tout pour l'amour.

Le prince abandonne sa richesse et son pouvoir,

et s'en alla au loin avec sa bergère bien-aimée,

de vivre une vie simple et aimante,

dans un lieu où personne ne peut les juger.

Mais la vie dans la pauvreté n'était pas facile,

le prince n'a jamais regretté son choix,

et est devenu un symbole d'amour et de sacrifice,

pour tous ceux qui croient au véritable amour.

Alors, si vous sentez que l'amour vous appelle,

Souvenez-vous de l'histoire d'un prince courageux,

qui a tout abandonné pour l'amour d'une bergère,

et a trouvé le bonheur dans un monde différent.

Le feu qui peut tout faire

L'amour est un feu brûlant,
qui brûle au plus profond du cœur,
une flamme qui illumine tout ce qu'elle touche,
et cela ressemble à une chanson douce.
L'amour est un lien qui unit,
deux âmes en un seul être,
un sentiment qui ne s'éteint jamais,
et cela nous fait croire.
Croyez au pouvoir de l'amour,
dans la force de la passion,
dans la douceur d'un baiser,
et dans l'émotion d'une chanson.
L'amour est un don divin,
qui nous comble de bonheur,
une force qui nous soutient,
et nous donne la force de continuer.
Quoi qu'il en soit,
l'amour sera toujours là,
une lumière vive dans l'obscurité,
et une raison de sourire.
Laissez-vous donc porter par l'amour,
sentir son feu dans votre cœur,
Laissez-vous envahir par la passion,
et sentez le bonheur en vous.

L'amour véritable

Dans l'ancienne Sumer,
dans le royaume du grand Nenrob,
a vécu un couple amoureux,
qui s'est battu pour son amour.
C'était une belle jeune fille,
fille du grand roi,
et lui, humble travailleur,
avec un cœur plein de foi.
Malgré les différences,
leur amour était vrai,
et ensemble, ils ont rêvé d'un avenir,
dans laquelle ils seraient unis pour toujours.
Mais le bonheur n'a pas duré longtemps,
car le roi Nenrob n'a pas voulu accepter,
sa fille à épouser un ouvrier,
et sa fureur s'est déchaînée.
Il a ordonné la mort du bien-aimé,
et la jeune fille pleura sans cesse,
car son amour avait été puni,
et elle ne pourra plus jamais aimer.
La tristesse s'empare de son être,
et son cœur s'est arrêté de battre,
pour la mort de son bien-aimé,
était la fin de son existence.
C'est ainsi que s'est achevée leur histoire d'amour,
une tragédie dans l'ancienne Sumérie,
qui nous rappelle que le véritable amour,

ne réussit pas toujours dans la vie sérieuse.

C'est pourquoi nous nous aimons

L'amour inconditionnel est l'amour le plus pur,

un sentiment global,

qui, par sa force, nous rend plus forts,

et nous conduit à toucher le bonheur.

Mais parfois, sur la route de l'amour,

la trahison et la tromperie guettent,

et notre âme, qui se croyait heureuse,

est brisée, blessée et sans espoir.

La vengeance peut alors sembler douce,

un baume pour notre douleur,

mais son goût est amer et ingrat,

et nous laisse avec plus de chagrin qu'avant.

Laissez donc l'amour inconditionnel être l'amour inconditionnel,

nous guider sur le chemin du bonheur,

et même si la douleur nous blesse et nous trahit,

Rappelons-nous qu'il y a toujours une lumière au bout du tunnel.

L'amour et le dépit

Amour et méchanceté, les deux faces d'une même pièce,
dans un jeu d'émotions qui nous conduit à l'abîme,
où l'amour qui brillait autrefois comme un soleil,
s'éteint comme une flamme dans le vent.
Le dépit s'empare de notre cœur,
et nous fait désirer la vengeance et la douleur,
aspiration à l'oubli et à l'indifférence,
qui nous permettent d'avancer sans crainte.
Mais même ainsi, l'amour est toujours présent,
comme une blessure qui ne guérit pas,
un souvenir qui blesse nos âmes,
et nous fait douter de son retour.
Laissons donc tomber la rancune et la méchanceté,
et que l'amour se renouvelle,
que la flamme brûle à nouveau dans notre être,
et que le bonheur refleurisse.

La loyauté en vous

Quand l'amour est bafoué,

et les sentiments ne sont pas réciproques,

le cœur peut être brisé,

et la tristesse peut sembler être le seul destin.

Mais si vous êtes fidèle à vos sentiments,

et maintenir votre dignité et votre intégrité,

même si la déception et le mépris sont le pain quotidien,

ne jamais perdre la foi en l'amour et la gentillesse.

La loyauté envers soi-même est la clé,

pour surmonter la douleur et le mépris,

et même si la cicatrisation de la plaie peut prendre du temps,

ne perdez jamais confiance en l'amour et en la sincérité de votre

cœur.

Parce que l'amour est une force puissante,

qui peut guérir les blessures les plus profondes,

et même si ce n'est pas toujours réciproque,

reste la lumière qui guide dans les ténèbres les plus profondes.

Ne perdez donc pas l'espoir et la foi,

et gardez toujours votre cœur à la bonne place,

parce que l'amour véritable l'emportera toujours,

et le mépris et la déception seront vite oubliés.

Mythes du royaume de l'amour

Dans les temps anciens, dans un royaume lointain,
il y avait une déesse de la beauté et de l'amour,
dont le cœur aspire à trouver un compagnon
qui pouvait rivaliser avec son ardeur.
Mais l'amour n'est pas facile pour elle,
car elle était une déesse immortelle,
et les mortels craignaient sa puissance et son éclat,
et n'a jamais osé s'approcher d'elle.
Un jour, en se promenant dans un jardin enchanté,
la déesse a trouvé un jeune berger,
dont le cœur battait avec intensité,
qui semblait correspondre à la flamme de son propre amour.
Même s'il savait qu'un amour entre eux était impossible,
la déesse est tombée follement amoureuse du berger,
et ensemble ils ont partagé des moments de bonheur,
que seul l'amour véritable peut garantir.
Mais le roi des dieux, jaloux de son amour,
ordonna à la déesse et au berger de se séparer,
et que la déesse oublierait son amour mortel,
et retourner à sa place dans le firmament stellaire.
Malgré la séparation forcée,
la déesse n'a jamais oublié son amour pour le berger,
et sa présence dans le ciel nocturne,
Je me souviendrai toujours de leur amour avec honneur.
Et bien que le berger ait vieilli et soit mort,
son amour pour la déesse ne s'est jamais démenti,
et chaque nuit, lorsque la déesse brille dans le ciel,

l'amour qu'ils partageaient transparaît également, intense et

Ombres et lumières

Dans un monde d'ombre et de lumière
où l'amour se cache parmi les rochers,
une brise fraîche vous murmure à l'oreille,
promettant des lendemains sans conflit.
Les oiseaux volent librement dans le ciel,
chantant des mélodies de joie et de réconfort,
tandis que les fleurs aux couleurs vives
embellissent le paysage de façon éclatante.
Le soleil brille et réchauffe la peau,
et la vie s'écoule comme une rivière sans fin,
dans ce monde où tout est possible,
et l'avenir est plein de promesses impossibles.
Alors, allez-y, marchez sans crainte,
car le chemin du bonheur est toujours proche,
et à chaque pas que vous ferez, vous vous en rapprocherez,
pour trouver l'amour et la paix auxquels vous aspirez.

Peurs

À une époque où la richesse était la loi,
Il était difficile de se marier sans avoir grand-chose à offrir,
mais pour ceux qui n'avaient que l'amour,
Trouver quelqu'un a été difficile et douloureux.
L'argent et les titres étaient les plus importants,
et ceux qui ne le sont pas sont considérés comme moins pertinents,
mais l'amour ne connaît ni titres ni richesses,
et dans les cœurs pauvres, il y a aussi de la beauté.
Donc ceux qui n'avaient que leur amour,
Ils ont cherché sans relâche quelqu'un qui comprenne leur valeur,
quelqu'un qui a connu le véritable amour,
ne se mesure pas en termes de richesse ou d'argent.
Et bien que les difficultés aient été nombreuses,
L'amour a toujours trouvé un moyen de se défendre,
et à la fin, il y avait toujours quelqu'un de spécial,
qui acceptent l'autre indépendamment de son statut social.
Parce qu'en fin de compte, ce qui compte le plus, c'est l'amour,
et ceux qui la possèdent sont bénis au-delà de toute valeur,
et que la richesse peut apporter confort et bien-être,
Le véritable amour est celui qui vous fera vraiment prospérer.

Je vous souhaite

Chère lectrice, cher lecteur, laissez-moi vous inspirer,
avec des mots qui viennent du cœur,
Je vous emmène dans un voyage d'émotions,
dans un monde plein de passion.
Je parlerai des amours éternelles,
qui transcendent le temps et l'espace,
de baisers doux et tendres,
des regards pleins d'éclat et d'amour.
Je vous parlerai des larmes versées,
pour un amour disparu,
de la tristesse qui nous envahit,
quand le cœur est brisé.
Mais je vais aussi vous parler du bonheur,
de ces moments qui nous font vibrer,
de l'illusion qui nous fait rêver,
et nous donne la force de lutter.
Je vous invite à me suivre sur ce chemin,
dans laquelle les mots sont la nourriture,
dans lequel les émotions sont libérées,
et le cœur bat avec ferveur et émotion.
Puisse mon poème éveiller en vous quelque chose de spécial,
une étincelle qui fait rêver,
un souvenir qui vous fait sourire,
ou une larme qui vous fait vous souvenir.
C'est ainsi, cher lecteur, que je termine mon poème,
dans l'espoir d'avoir atteint votre âme,
et ont laissé une empreinte dans votre cœur,

qui durera toujours, sans aucun calme.

L'amour pur

Dans le silence de la nuit,

sous un ciel étoilé,

deux âmes se sont rencontrées,

unis dans un amour sans frontières.

Ils se sont regardés dans les yeux,

et ils se racontaient tout sans se parler,

Leurs regards se comprennent,

dans une langue qu'ils sont les seuls à pouvoir parler.

Le temps passe vite,

mais ils ne s'en sont pas rendu compte,

parce qu'ils étaient perdus dans leur monde,

dans leur amour qui les a rendus forts.

Ils s'aimaient de plus en plus chaque jour,

et c'est ce qui les a fait pleurer,

parce qu'ils savaient qu'il n'y aurait pas d'autre amour,

qui pourrait être aussi pure que celle qu'ils partageaient.

Ainsi, au clair de lune,

ils se sont serrés l'un contre l'autre,

parce qu'ils le savaient ensemble,

peut faire face à n'importe quelle adversité.

En raison de l'amour qu'ils ont ressenti,

était plus forte que n'importe quelle tempête,

et même si le temps passe,

leur amour continuerait à briller dans l'obscurité.

Il ne m'aimait pas

Dans les ténèbres de mon âme,

J'ai l'impression que tout a disparu,

chaque lutte, chaque effort, chaque espoir,

a été vaine, tout est perdu.

Le monde s'écroule autour de moi,

et j'ai l'impression que rien n'a de sens,

chaque pas que je fais, chaque rêve que je poursuis,

semblent voués à l'oubli.

Dans ce vide, dans cette solitude,

Je pensais avoir trouvé la lumière,

une lumière appelée amour, une lumière qui brillait,

mais il s'est avéré que ce n'était qu'une illusion.

Cette personne qui prétendait m'aimer,

qui a promis d'être toujours à mes côtés,

est parti au moment où j'avais le plus besoin de lui,

me laissant seule avec ma douleur et leur abandon.

Je comprends maintenant qu'il ne m'a jamais aimée,

qui n'était avec moi que par commodité,

que je n'ai jamais été qu'un objet de leur intérêt,

et que cela ne signifiait pas grand-chose pour elle.

Le désespoir m'étreint,

La douleur m'étouffe, la solitude me dévore,

et je me demande si je trouverai un jour le bonheur,

ou si ma vie est destinée à être une lutte constante.

Mais malgré cela, je continue,

dans l'espoir qu'un jour,

Je trouverai un rayon de lumière au milieu de tant d'obscurité, et je pourrai à nouveau rêver et croire en la vie.

L'âme en peine

Le cœur bat de douleur et de chagrin,
au moment de la séparation,
de quitter l'amour de sa vie pour une obligation,
et craindre de ne plus jamais revoir son expression.
Les larmes montent dans les yeux tristes,
la tristesse submerge et l'âme se désole,
sachant que la partie est jouée d'avance,
et l'incertitude se profile comme une épée.
L'amour que nous laissons derrière nous est comme un trésor,
qui est portée au plus profond du cœur,
aspirant à sa présence chaque jour et chaque heure,
et j'espère que l'occasion se représentera bientôt.
La guerre ou les menaces sont des situations cruelles,
qui nous séparent impitoyablement de l'être aimé,
et bien que le temps passe, la douleur reste fidèle,
et nous accompagne comme une ombre dans la solitude.
Il est difficile de laisser partir l'amour de notre vie,
parce que nous lui avons laissé une partie de nous-mêmes,
et bien que le devoir l'appelle, la blessure est toujours ouverte,
et nous fait désirer ardemment sa présence.
Mais malgré la douleur et la tristesse que nous ressentons,
l'amour qui nous lie ne mourra jamais,
et il y aura toujours une place dans nos cœurs,
pour l'amour que nous laissons derrière nous.

Dans les ombres de ton âme

Dans le silence de la nuit noire
les sanglots de mon âme sont entendus
qui pleure l'amour perdu
et pour les rêves brisés.
Mon cœur est vide
comme un désert sans oasis
et mon esprit est un tourbillon
de douleur et de tristesse sans fin.
La solitude est ma compagne
sur cette route sans but
et le froid de la nuit m'étreint
comme un rappel de ma douleur.
L'amour que je croyais éternel
s'est évanoui comme de la fumée
et maintenant je suis seul ici
avec rien d'autre que ma douleur.
Mon cœur saigne en silence
et mes larmes sont mon réconfort
en cette nuit déchirante
où la douleur est ma seule compagne.

Ce qu'il peut faire

L'amour a un pouvoir inégalé
qui peut transformer l'âme la plus sombre
et faire briller la lumière dans le cœur
de l'être le plus méchant et le plus tendre.
L'amour est comme le soleil au printemps
qui réveille les fleurs de l'hiver

et leur donne la force de s'épanouir
malgré le froid éternel.
L'amour est capable de renaître
l'âme fatiguée et sans espoir
et le remplir de vie et de joie
de croire à nouveau à la bonanza.
L'amour est la force directrice
sur le chemin du bonheur
et nous montre que même les plus mauvais
peut changer et trouver la bonté.
Parce que l'amour n'a pas de limites
pas de frontières, pas de statut
et peut atteindre les coins les plus sombres du monde
d'éclairer de sa chaude lueur.
Ne perdez donc pas confiance dans le pouvoir de l'amour.
pour changer une âme ou un cœur
parce que sa force est vraie et éternelle
et peut toujours apporter une transformation.

Un amour irréel

La douleur nous rapproche,
sachant que je ne vous rencontrerai jamais en personne,
cela fait mal dans mon âme et se ressent dans ma personne.
Je suis pauvre et j'ai peur qu'elle pense mal,
que mon manque de ressources la pousse à me juger,
mais je ne peux m'empêcher de l'aimer,
et la rencontrer par le biais de lettres dans un salon de discussion.
Vos mots me transportent
dans un endroit lointain et magnifique,
où l'amour est possible
et la peur n'a pas de répit.
Bien que la distance nous sépare
et la peur nous fait douter,
l'amour que je lui porte
est plus forte et je ne peux pas me taire.
Je vais donc continuer à écrire
et rêvant de sa présence,
parce que même si je ne peux pas la voir en personne,
son âme fait déjà partie de mon existence.
Et donc, à travers les lettres,
nous continuerons à construire notre histoire,
un amour qui transcende les distances,
et nous conduit à la victoire.

Distance

La distance nous éloigne les uns des autres,
mais notre amour ne s'estompe pas,

nous savons que nous ne nous toucherons jamais,
mais cela ne signifie pas que notre foi ne grandira pas.
Mais il arrive que nous soyons accablés par le chagrin,
et la solitude nous fait languir,
nous savons que notre amour est fort,
et que nous serons toujours ensemble.
Même si nos corps ne se rencontrent jamais,
nos âmes s'unissent dans une étreinte,
et ainsi, au loin,
nous construisons un amour qui ne s'effiloche jamais.
Peu importe le temps qui passe,
quelle que soit la distance qui nous sépare,
car notre amour est éternel,
et il restera toujours au fond de lui.
Ainsi, même si la distance nous sépare,
notre amour nous unit dans la même réalité,
et ainsi de suite, dans l'univers des lettres,
nous continuons à construire notre bonheur.

Une blessure à l'âme

La trahison est une blessure profonde,

qui transperce l'âme sans pitié,

fait plus mal qu'un coup de couteau,

et laisse le cœur brisé par la solitude.

Lorsque quelqu'un que vous aimez vous trompe,

et joue sans pitié avec vos sentiments,

vous avez l'impression que le monde s'écroule,

et la confiance que vous aviez en cette personne disparaît.

Les larmes inondent vos yeux,

et la douleur consume votre cœur,

vous vous demandez encore et encore pourquoi,

et vous réalisez que la trahison est la pire des déceptions.

La trahison est comme une ombre noire,

qui vous suit partout où vous allez,

et même si vous essayez d'oublier, le souvenir persiste,

et la douleur et la tristesse ne s'estompent jamais complètement.

Mais malgré toutes les souffrances,

il est important de se rappeler que l'on est fort,

et que même si la trahison vous a blessé,

vous avez la capacité d'aimer à nouveau, de vous relever.

Ne laissez pas la trahison vous détruire,

ne laissez pas la douleur vous consumer,

n'oubliez jamais que vous êtes courageux et puissant,

et que le véritable amour triomphe toujours.

Tristesse

Je sens le poids de la douleur dans ma poitrine,

un fardeau qui me pèse et ne me laisse pas tranquille,

J'ai l'impression que mon âme est en morceaux,

et le cœur brisé en mille morceaux.

Les larmes coulent sur mes joues,

comme une rivière qui ne s'arrête pas,

mon corps tremble à chaque sanglot,

et mon esprit se perd dans une mer de tristes souvenirs.

La tristesse m'enveloppe comme une couverture froide,

et j'ai l'impression qu'il n'y a pas d'échappatoire,

Je me sens piégé dans un sombre labyrinthe,

pas d'issue, pas de lumière, pas d'espoir.

J'aimerais crier et déchirer mes vêtements,

libérer toute la rage et la douleur qui m'habitent,

mais les mots s'étranglent dans ma gorge,

et le silence est ma seule compagnie.

Il est difficile de passer à autre chose,

lorsque tout semble perdu,

mais je sais qu'à un moment donné,

le soleil brillera à nouveau dans mon ciel gris.

D'ici là, je continuerai à pleurer,

libérer la douleur qui me consume,

en espérant qu'un jour,

trouver la paix à laquelle j'aspire et qui me consume tant.

L'espoir

L'espoir est la flamme qui ne s'éteint jamais,
est la force qui nous fait avancer,
est le moteur qui nous pousse à atteindre nos objectifs,
et de conquérir nos rêves les plus grands et les plus importants.
L'espoir est le souffle qui nous donne la vie,
lorsque tout semble perdu et sombre,
est l'étreinte qui nous réconforte,
lorsque nous nous sentons seuls et que nous envisageons l'avenir
avec découragement.
Et même si le chemin est semé d'embûches et de défis,
rien ne peut nous arrêter si nous avons l'espoir dans nos cœurs,
parce que lorsque nous voulons quelque chose de toutes nos
forces,
rien ni personne ne pourra voler notre illusion.
L'espoir nous donne la force dont nous avons besoin,
de continuer et de ne jamais abandonner,
nous fait croire que tout est possible,
si nous nous battons avec courage et sans crainte.
Donc, si vous avez un rêve que vous voulez réaliser,
ne perdez pas espoir et continuez à vous battre avec force et
courage,
parce qu'avec foi et persévérance,
rien dans ce monde ne peut vous empêcher de réaliser tout ce que
vous désirez avec amour.

L'ennemi éternel

Parfois, le cœur demande de l'amour et de la compagnie,

et nous aspirons à trouver quelqu'un avec qui partager la vie,

mais le chemin de l'amour n'est pas toujours facile,

et parfois elle nous fait souffrir et nous remplit de tristesse et de mélancolie.

Mais même si la peur et la solitude nous envahissent,

nous ne devons pas perdre l'espoir de trouver le véritable amour,

parce que l'amour est un sentiment qui nous complète et nous rend heureux,

et c'est la clé qui ouvre la porte à un avenir meilleur.

Cependant, nous ne sommes pas tous nés pour aimer,

et il vaut parfois mieux être seul que mal accompagné,

parce que l'amour est un choix et non une obligation,

et il n'est pas juste de nous forcer à aimer si nous ne ressentons pas la passion.

Il est préférable d'accepter la solitude avec gratitude et respect,

et profiter de la liberté que nous procure la solitude,

parce que la vie est une route pleine de hauts et de bas,

et chacun doit choisir sa voie avec courage.

Alors, si l'amour n'est pas encore entré dans votre vie,

ne vous inquiétez pas et ne soyez pas anxieux à l'idée d'être seul,

Profitez de votre liberté et vivez chaque instant avec joie,

parce que le bonheur ne dépend pas de quelqu'un d'autre, mais de soi-même.

Essayer

Aimer est un acte de courage,

un saut dans le vide sans garantie,

un risque que beaucoup n'osent pas prendre,

de peur d'être impitoyablement blessé.

Mais l'amour est un sentiment magnifique,

Nous avons besoin d'une personne capable de nous remplir de
joie et de bonheur,

pour que nous nous sentions vivants et épanouis,

et de nous montrer le monde avec gratitude.

Malgré cela, la peur de l'amour est réelle,

et la peur d'être blessé nous fait hésiter,

nous empêche de nous donner sans réserve,

et nous éloigne du bonheur auquel nous aspirons.

Mais nous devons nous rappeler que le véritable amour est pur,

il n'y a rien de plus puissant dans ce monde,

et bien que la blessure de la trahison puisse faire mal,

il est plus douloureux de ne jamais avoir aimé avec ferveur.

Ne cédez donc pas à la peur de l'amour,

laissez vos sentiments s'exprimer sans relâche,

car même si le risque de déception est réel,

l'amour est la seule clé qui ouvre la porte du bonheur.

Rappelez-vous que l'amour est un cadeau,

qui ne peut être donnée qu'avec le cœur,

et même si nous avons peur d'être blessés,

il vaut mieux essayer que de rester dans le doute et la douleur.

Peurs

Les peurs humaines sont sombres,
se cachent dans les ombres de l'esprit,
comme un nuage qui englobe tout,
ternir la lumière qui nous fait vivre.
La peur de l'échec nous paralyse,
Nous craignons de ne pas être à la hauteur,
et de ne pas pouvoir atteindre l'objectif souhaité,
et s'échouer sur le rivage de la vie.
La peur de la solitude nous terrifie,
nous avons l'impression que personne ne veut de nous,
et le vide dans notre poitrine devient grand,
comme un trou noir qui nous engloutit.
La peur de la mort nous hante,
nous fait nous sentir vulnérables et impuissants,
et la certitude qu'un jour elle viendra,
nous secoue jusqu'au plus profond de nous-mêmes.
Ainsi, les peurs des humains,
ils nous éloignent de ce qui compte vraiment,
nous laissant dans un abîme de tristesse,
ne sachant pas comment s'échapper de cette prison.

Une larme d'adieu

Il a fait ses adieux les larmes aux yeux,

ton départ laisse un vide dans mon âme,

Je ne sais pas où vous allez, quels chemins vous prendrez,

J'ai peur de l'inconnu qui vous attend.

La peur me ronge et me fait trembler,

Je ne veux pas perdre ce que j'ai tant aimé,

Je me suis accroché à toi de toutes mes forces,

et maintenant il m'est difficile de lâcher prise et de te laisser partir.

Je sais que tu ne me reviendras jamais,

que votre amour appartient maintenant à quelqu'un d'autre,

et la douleur dans ma poitrine ne cesse de croître,

en sachant qu'un autre dans son corps vous embrassera.

La pensée que d'autres ramifications auront,

j'ai l'impression qu'on m'arrache le cœur,

et même si je sais que je dois lâcher prise,

l'amour que j'ai ressenti pour toi vivra toujours en moi.

Alors maintenant, avec une boule dans la gorge,

C'est avec le cœur brisé que je fais mes adieux,

en espérant que vous trouverez le bonheur sur votre chemin,

et qu'un jour, peut-être, vous pardonnerez ma faiblesse.

Merci maman

Mère, tu es mon rayon de soleil
qui éclaire mon chemin
dans tes bras je trouve l'amour
qui me donne l'impression d'être un enfant.
Tu es mon bouclier protecteur
en toi je trouve la sécurité
tu m'as appris à être courageux
et tu ne m'as jamais laissé tomber.
Ton amour est le plus pur et le plus sincère
tu ne me juges jamais, tu m'acceptes toujours
tu es mon guide et mon inspiration
merci d'être mon compagnon éternel.

Amour familial

La famille est ma force
mon refuge dans les moments difficiles
dans ses bras, je trouve le réconfort
et dans son amour, le plus grand des cadeaux.
Ensemble, nous formons une équipe
qui vous soutient contre vents et marées
nous célébrons les succès et les victoires
et nous nous relevons ensemble de nos chutes.
Dans notre unité, nous trouvons la force
de surmonter toute adversité
notre amour est infini
et nous serons toujours ensemble dans le bonheur.

L'amour en couple

En toi je trouve mon bonheur
mon âme sœur, ma meilleure moitié
ton amour est mon plus grand trésor
et dans tes bras je trouve la paix.
Ensemble, nous formons une équipe parfaite
qui est soutenu à tout moment
notre amour est un feu éternel
qui nous maintient toujours unis.
Dans ton sourire, je trouve l'espoir
et dans tes yeux je vois mon avenir
notre amour est le plus beau des cadeaux
et ne perdra jamais son éclat et sa brillance.

La vie

La vie est une aventure
et l'amour est notre guide
dans votre entreprise, je trouve
la force d'aller de l'avant chaque jour.
Tu es mon complice dans la joie
et dans la tristesse mon réconfort
ton amour est mon plus grand désir
et ensemble, nous construisons notre rêve.
Dans tes yeux, je trouve la paix
qui me donne l'impression d'être complet
dans tes bras je trouve l'amour
qui me remplit complètement.
Ensemble, nous traversons la vie
surmonter les obstacles en cours de route
notre amour est le plus fort
et ne perdra jamais son éclat et son destin.
Je t'aime de tout mon être
tu es mon tout, mon soleil à l'aube
notre amour est un trésor sans pareil
et sera toujours présent dans notre foyer.

Merci de votre attention.

Fin